(Conserver la couverture)

ALLOCUTION

PRONONCÉE

A LA MAIRIE DE BELLAVILLIERS

Par M. le Comte de BOYNES

Le 24 avril 1876

Au moment de la célébration du mariage de sa sœur
Mademoiselle MARIE de BOYNES
avec Monsieur AMÉDÉE de la CHAPELLE.

LIMOGES
Mᵐᵉ J. DUMONT, Libraire-Éditeur
Place et rue Saint-Martial.

ALLOCUTION

PRONONCEE

A LA MAIRIE DE BELLAVILLIERS

Par M. le Comte de BOYNES

Le 24 avril 1876

Au moment de la célébration du mariage de sa sœur
Mademoiselle MARIE de BOYNES
avec Monsieur AMÉDÉE de la CHAPELLE.

A la vue de ces apprêts, preuve si touchante de la sympathie que vous témoignent les habitants, par l'air de fête qu'ils ont voulu et si bien su donner aux abords de ces lieux et dans tout le village ; façon délicate de nous dire la part qu'ils prennent au bonheur de nos deux familles et dont je les remercie en votre nom et au nôtre.

Permettez-moi de vous adresser quelques mots :...

Et avant qu'une parole bien plus autorisée que la mienne, ne vous dise au pied de l'autel quels sont vos devoirs d'époux chrétiens, écoutez un instant la voix d'un frère.

Aujourd'hui le grand nombre de parents, d'amis réunis pour assister à votre mariage vous dit par leur présence l'intérêt que tous nous portons à cette union et le prix que nous y attachons.

Aussi je vous l'avoue, ce n'est pas sans émotion que je vais avoir, en qualité de maire de Bellavilliers, à prononcer les paroles qui vont vous unir pour la vie. Ce rôle ne me fait point oublier les liens qui m'unissent à toi, ma chère Marie, et ceux de l'amitié qu'il m'a été si agréable de nouer avec vous, Monsieur.

C'est cependant un vrai plaisir pour moi, car je vois dans la réalisation de ce projet, des gages certains d'un avenir heureux pour vous deux.

A vous monsieur de la Chapelle, je vous dirai que notre famille est justement fière de la recherche que vous avez faite de ma sœur.

Lorsque, comme vous, on compte parmi ses

ancêtres un homme ou pour mieux dire un Saint, puisque l'Eglise lui a décerné le titre de Bienheureux ;

Saint Prélat, auquel le pape Clément VI donnait en 1348 le Patriarchat de Jérusalem, après l'avoir déjà nommé cardinal en 1344, époque où il lui donnait la haute mission de couronner la reine Jeanne de Sicile ;

Lorsque nous voyons le roi Charles IX par lettres patentes anoblir deux autres des vôtres, Jean et Gabriel, pour reconnaître leurs services et récompenser leur bravoure pendant les guerres de religion, marque d'estime d'autant plus gracieuse et honorifique, que vos ancêtres déjà anoblis portaient dès l'an 1335 le titre d'écuyer ;

Lorsque depuis cette époque nous retrouvons les membres de votre famille remplissant jusqu'à nos jours les plus hautes fonctions, soit dans le clergé, la magistrature ou l'armée, et que nous les voyons se signaler par leurs talents, leurs vertus, et tout particulièrement un de vos plus proches par les savants ouvrages qu'il a publiés ;

Lorsque l'on voit, dis-je, cette longue lignée d'hommes de bien qui n'ont eu pour règle de conduite que l'amour de Dieu, le dévouement à leurs rois et à leur patrie, on peut affirmer que ce passé et le votre surtout, en qualité d'abord d'élève des excellents pères jésuites, est un sûr garant de l'avenir réservé à ma sœur.

Car pour vous tous, le vieux proverbe *noblesse oblige*, n'est point un vain mot.

Pour toi, ma chère Marie, un mot seulement et dussé-je blesser ta modestie, laisse-moi te dire que tu n'auras, en trouvant le bonheur, qu'une juste récompense de tes vertus.

Le bonheur d'une union n'est durable et assuré que lorsqu'il a pour base les sentiments religieux.

Qui donc plus que toi serait imbu de ces principes ? Elevée par nos chers parents, tu as toujours suivi leurs exemples, et ton éducation, perfectionnée au Sacré-Cœur, a fait de toi une jeune fille profondément chrétienne.

Tu as déjà fait l'apprentissage bien doux du rôle de mère, en t'occupant chaque jour si affectueusement de tes chers neveux, de ce côté encore tu n'as rien à apprendre.

Prendrai-je des exemples dans notre famille ? Elle aussi a depuis longtemps payé son large tribut au pays. Je pourrais te parler de son passé ! mais cela serait trop long et pénible, car il me faudrait évoquer le souvenir des sanglantes journées de nos époques les plus troublées, où les hommes de bien payaient de leur vie leur attachement à leur religion, leur fidélité à leur roi.

Qu'il me suffise de te citer la vie si pleine de bonnes œuvres de ton grand-père Pelisson de Gennes, dont chaque acte a eu pour but de soulager une misère.

Je te citerai aussi la brillante carrière dans la marine de ton arrière grand-père et de ton grand-père de Boynes.

Je veux également rappeler ceux des nôtres qui ont eu le bonheur et ont pu se dévouer pour la plus noble, la plus sainte des causes ; je ne fais que nommer les Bourbon Chalus, de Bec de Lièvre et de Saint-Phalles.

Ces grands caractères doivent aussi te servir d'exemple dans un autre ordre d'idées.

Car c'est à leur école qu'une mère doit élever ses enfants.

Nous traversons une époque où notre ligne de conduite est toute tracée, mais où le devoir nous impose de lourdes charges.

Nous devons serrer les rangs autour du plus glorieux des drapeaux : la Croix, que des insensés essayent en vain d'ébranler, et préparer à l'Eglise opprimée, à notre France meurtrie, des hommes capables de les défendre et prêts à tous les sacrifices.

Pour cela nous n'avons qu'un moyen : élever nos enfants dans la crainte de Dieu, l'esprit de dévouement à la patrie et l'amour de la famille, et nous mêmes leur donner l'exemple de ces grandes vertus.

Vous n'aurez donc point, ni l'un ni l'autre, à chercher bien loin vos modèles.

Mais en voilà bien trop long !

Pour vous deux, je forme les vœux les plus sincères de bonheur, et tout en étant l'interprète de ceux qui vous accompagnent ici, je veux surtout l'être de ceux qui de loin pensent à vous en ce moment, et, moins heureux, ont la douleur de ne pouvoir être près de vous.

J'aurais peut-être un regret, ma chère Marie, en te voyant nous quitter, et la commune de Bellavilliers, si je ne savais qu'au lieu d'une main j'en aurai deux maintenant pour remplir la bourse si vide de nos pauvres et continuer les bonnes œuvres que tu as si bien commencées.

Je suis donc tout heureux, et remercie de nouveau les habitants de cette commune, qui, en me choisissant pour leur maire, me fournissent l'occasion de ratifier une union qui ne me laisse entrevoir l'avenir que sous ses plus riantes images.

LIMOGES. — Typographie M⁻ᵉ I. DUMONT, place Saint-Martial.

www.ingramcontent.com/pod-product-compliance
Lightning Source LLC
Chambersburg PA
CBHW071419060426
42450CB00009BA/1951